BEI GRIN MACHT SICH IHR WISSEN BEZAHLT

- Wir veröffentlichen Ihre Hausarbeit,
  Bachelor- und Masterarbeit

- Ihr eigenes eBook und Buch -
  weltweit in allen wichtigen Shops

- Verdienen Sie an jedem Verkauf

**Jetzt bei www.GRIN.com hochladen
und kostenlos publizieren**

Die Zukunft der Erwerbsarbeit. Virtuelle Teams, Arbeitskraftunternehmer und fragmentierte Erwerbsbiografie

Leona Bungart

Bibliografische Information der Deutschen Nationalbibliothek:

Die Deutsche Nationalbibliothek verzeichnet diese Publikation in der Deutschen Nationalbibliografie; detaillierte bibliografische Daten sind im Internet über http://dnb.d-nb.de abrufbar.

ISBN: 9783346460288
Dieses Buch ist auch als E-Book erhältlich.

© GRIN Publishing GmbH
Nymphenburger Straße 86
80636 München

Druck und Bindung: Books on Demand GmbH, Norderstedt Germany
Gedruckt auf säurefreiem Papier aus verantwortungsvollen Quellen

Das Buch bei GRIN: https://www.grin.com/document/1039247

Einsendeaufgabe: Rahmenbedingungen der Personal- und Organisationspsychologie

Alternative B: Die Zukunft der Erwerbsarbeit

Abgegeben am 09.05.2018

Modul: Rahmenbedingungen der Personal- und Organisationspsychologie
Studiengang: Wirtschaftspsychologie

Von: **Leona Bungart**

Inhaltsverzeichnis:

Abbildungsverzeichnis:

B1.1 Virtuelle Teams:

Aufgrund der Verbreitung des Computers in den 1990er Jahren kam es zu einem erhöhten Gebrauch von elektronischen Kommunikationsmedien, nicht nur in Privathäusern, sondern auch in Unternehmen.[1] Es bildeten sich sogenannte virtuelle Teams. Der Begriff „Team" wird in der deutschen Sprache mit Gruppe oder Mannschaft übersetzt.[2] Teams werden von Dritten zusammengestellt und fungieren dazu, Aufgaben und Projekte zu lösen/zu bearbeiten. Diese Aufgaben sind wesentlich für deren Formierung, die Komposition der Teammitglieder, die verfügbaren Mittel, als auch für die Identität.[3] Belbin definierte ein Team als ein „...set of players who have a reciprocal part to play and who are dynamically engaged with one another."[4] In der Praxis werden die Begriffe Team und Gruppe meist synonym genutzt.[5] Virtuelle Teams sind Gruppen, welche räumlich voneinander entfernt zusammenarbeiten und welche sich von früher gegeben, standortverteilten Teams dadurch unterscheiden, dass sie größtenteils anhand von IT miteinander kommunizieren.[6] Da meistens die Nutzung von Informations- und Kommunikationstechnologien im Vordergrund steht, werden virtuelle Teams auch als Telekooperation bezeichnet.[7] „Telekooperation bezeichnet eine mediengestützte arbeitsteilige Leistungserstellung von individuellen Aufgabenträgern, Organisationseinheiten und ganzen Organisationen, die über mehrere Standorte verteilt sind."[8]

B1.2 Chancen und Risiken virtueller Teams:

Virtuelle Teams sind überwiegend im Arbeitsalltag von Unternehmen integriert. Nach Befragungen zur Verbreitung virtueller Teams nutzen ca. 74% der befragten Unternehmen in Deutschland und ca. 81% der befragten internationalen Unternehmen virtuelle Teams, um Arbeitsaufträge zu bearbeiten. Sie gewinnen immer mehr an Bedeutung, da sie viele neue Chancen bieten. Sie ermöglichen dem arbeitenden

---

[1] Vgl. *Arenberg* (2016), S. 47
[2] Vgl. *Arenberg* (2016), S. 16
[3] Vgl. *Arenberg* (2016), S. 17
[4] *Belbin* (2010), S. 98
[5] Vgl. *Arenberg* (2016), S. 17
[6] Vgl. *Breger/Tracht* (2017), S. 84
[7] Vgl. *Langemeier* (2008), S. 64
[8] *Konradt/Hertel* (2002), S. 13

Individuum ein hohes Maß an zeitlicher und örtlicher Flexibilität,[9] da sie das Arbeiten von zu Hause (Homeoffice) ermöglichen. Denn aufgrund der internationalen Verbreitung modernster Kommunikationsmedien, wie zum Beispiel Skype, WhatsApp oder E-Mail-Programme, wird es möglich von den verschiedensten Standorten aus zu kommunizieren. Virtuelle Teams bieten somit auch die Chance Teams zu bilden, die sich bei örtlicher Gebundenheit nicht hätten entwickeln können. Durch die örtliche Unabhängigkeit lassen sich auch Kosten senken, wie zum Beispiel die Reisekosten für Geschäftsreisen. Ebenso sind die Auswahl und die Zusammensetzung des Teams nicht mehr von der räumlichen Verfügbarkeit der Mitglieder abhängig. Daraus resultiert, dass die Mitglieder anhand ihrer fachlichen Qualifikationen ausgewählt werden können. Des Weiteren kann eine einzelne Person den zunehmenden Arbeitsanforderungen nur noch kaum gerecht werden, im Gegensatz zu einem kompletten Team, dass durch die Fähigkeiten eines jeden Einzelnen ein insgesamt viel größeres Kompetenzspektrum hat.[10] Internationales Fach-/Expertenwissen kann unbegrenzt genutzt werden.[11] Durch die Zunahme des Expertenwissens hat man, durch die organisationsweite Vernetzung, Zugriff auf größeres und spezielleres Wissen.[12] Doch virtuelle Teams bringen nicht nur Chancen mit sich, sondern auch Risiken und Herausforderungen. Das größte Risiko birgt das Wegfallen der nonverbalen Kommunikation, woraus Missverständnisse und Irritationen resultieren können. Missverständnisse können auch aufgrund der unterschiedlichen Kulturkreise auftreten. Dies begründet, weshalb virtuelle Teammitglieder zusätzliche Kompetenzen, wie zum Beispiel der Umgang mit modernen Medien, bessere Kommunikations-fähigkeiten und interkulturelle Kompetenz benötigen.[13] Es kann in multikulturellen, virtuellen Teams zu einer Negierung der kulturellen Unterschiede, Schablonendenken, Wahrnehmungsverzerrungen, ethnozentrischer Überheblichkeit und Kommunikations-schwierigkeiten kommen.[14] Vorliegende Konflikte sind in virtuellen Teams schwieriger zu identifizieren als in konventionellen Teams, da die sozialen Interaktionen der Mitglieder nicht anhand der üblichen Beobachtungen sichtbar werden. Konflikte werden deswegen oftmals über einen längeren Zeitraum nicht wahrgenommen.[15] Auch die geringeren persönlichen, internen Beziehungen/Bindungen der Teammitglieder stellen

---

[9] Vgl. *Arenberg* (2016), S. 49
[10] Vgl. *Rosenstiel* (2014), S. 324
[11] Vgl. *Konradt/Hertel* (2002), S. 30
[12] Vgl. *Orlikowski* (2002), S. 1
[13] Vgl. *App* (2013), S. 28-30
[14] Vgl. *Hagemann/Priebe/Berger* (2014), S. 115-116
[15] Vgl. *Arenberg* (2016), S. 54

6

ein Risiko dar, denn wenn der Zusammenhalt eines Teams nicht stark genug ausgeprägt ist, leidet darunter die Motivation und die Arbeitsleistung der Teammitglieder und es besteht die Gefahr der Isolation mancher Mitglieder. Aus all diesen Risiken können sehr schnell Konflikte in virtuellen Teams entstehen. Die unten aufgeführte Abbildung zeigt einige Signale, die auf Konflikte in virtuellen Teams hinweisen.

Signale für Konflikte in virtuellen Teams
Abgabe-Termine werden vermehrt versäumt
Ausgrenzung von Teammitgliedern
Diskussion statt über Inhalte, oft nur noch über technische Probleme
Bildung von Untergruppen
Teammitglieder nehmen bewusst an Meetings nicht teil
Dominante Mitglieder drücken ihre Ansicht durch
Verstoß gegen Normen und Regeln
Missverständnisse und fehlerhafte Information

Abbildung 1: Signale für Teamkonflikte
(Quelle: Eigene Darstellung in Anlehnung an: *Arenberg* (2016), S. 54 / *Bareiß/Merk* (2013), S. 45-47)

B1.3 Anforderungen an virtuelle Teammitglieder und die Teamführung:

Virtuelle Teams interagieren anders als konventionelle. Für deren Führung ergeben sich ebenfalls neue Anforderungen, an welche sich die Teammitglieder und auch die Teamführung anpassen müssen, um erfolgreich in einem virtuellen Team arbeiten zu können. Eine gute Teamführung zeichnet sich dadurch aus, dass sie niedrige Kontrollbedürfnisse, eine hohe partizipative Orientierung, Fairness, Integrität, sozioemotionale Sensibilität, kommunikative Fähigkeiten, realistische Ziele, motivierende Visionen, Toleranz und Sensibilität aufweist.[16] Es ergeben sich die nachfolgenden Anforderungen für die Führungskraft des virtuellen Teams:

---

[16] Vgl. *Konradt/Hertel* (2002), S. 51

Teammitglieder: Es ist wichtig, dass die Teamleitung geeignete/qualifizierte Mitglieder auswählt, welche eigenständig und unabhängig arbeiten können. Es ist ebenfalls Aufgabe der Führungskraft die Mitglieder durchgehend zu motivieren.

Kommunikation: Die Sicherstellung einer einwandfreien und reibungslosen Kommunikation ist eine Kernanforderung an die Teamführung, da es in virtuellen Teams aufgrund des Fehlens der nonverbalen Kommunikation schneller zu Missverständnissen kommt. Auch ein gutes Wahrnehmungsvermögen ist wichtig, da anhand des Stimmenklangs, zum Beispiel bei Telefonaten, die Stimmung des Teams erkannt werden kann.

Vertrauen: Die Vertrauensbildung ist ein dynamischer Prozess, der sich immer wieder verändert und dauernd neu justiert wird. In virtuellen Teams sollte von Seiten der Führung eine besondere Aufmerksamkeit auf diesen Prozess gelegt werden. Am idealsten ist es, wenn dieser vor Beginn der Zusammenarbeit geschieht.[17] Das Vertrauen muss ohne persönlichen Kontakt aufgebaut werden können.

Teamentwicklung: Die Interessen aller Mitglieder müssen auf einen gemeinsamen Nenner gebracht werden und Interessenkonflikte müssen konstruktiv gelöst werden. Deshalb muss die Teamführung auf das Konfliktpotenzial innerhalb eines Teams achten, da Konflikte in virtuellen Teams schneller entstehen und länger unentdeckt bleiben.

Feedback: In virtuellen Teams sollte der Teamleiter eine Feedback-Kultur schaffen, da die Mitglieder einen kontinuierlichen Bedarf an Rückmeldung haben, welcher mit einem höheren Motivationsbedürfnis einhergeht. Man unterscheidet zwischen Einzelfeedback und Teamfeedback.[18]

Toleranz: Führungskräfte sollten sehr tolerant bezüglich des Alters, ethnischer Herkunft, Religion, Wertesystem, Persönlichkeiten und Geschlecht der Teammitglieder und somit offen gegenüber fremden Kulturen, Sichtweisen und Lebenseinstellungen sein.

---

[17] Vgl. *Arenberg* (2016), S. 56
[18] Vgl. *Arenberg* (2016), S. 80

Abbildung 2: Kompetenzen von Führungskräften virtueller Teams

(Quelle: Eigene Darstellung in Anlehnung an: *App* (2013), S. 44)

Die vorherige Abbildung fasst nochmal wichtige Kompetenzen von Führungskräften virtueller Teams zusammen. Dadurch, dass sich neue Anforderungen an die Teamleitung ergeben, eröffnen sich für die Teammitglieder neue Kommunikationswege und neue Arbeitsweisen. Mitglieder eines virtuellen Teams sollten gute Computerkenntnisse, Eigeninitiative, Flexibilität, Kreativität, Selbstkontrolle, Selbstmanagement, Verlässlichkeit, Gewissenhaftigkeit, Motivation, verbale und soziale Fähigkeiten, Vertrauensbereitschaft, Teamorientierung, Konfliktfähigkeit und Eigenverantwortlichkeit mit sich bringen.[19] Nachfolgend werden einige dieser Anforderungen erläutert:

Lernbereitschaft: Dies bezieht sich darauf, dass Mitglieder ihre virtuellen, sozialen Fähigkeiten und Kompetenzen, als auch ihre interkulturellen Kompetenzen erweitern sollten.[20]

Selbstdisziplin: Damit die benötigte Produktivität erreicht wird, bedarf es einem hohen Maß an Selbstdisziplin, da jedes Mitglied eines virtuellen Teams für seine Leistung selbst verantwortlich ist.

---

[19] Vgl. *Konradt/Hertel* (2002), S. 53
[20] Vgl. *Müller* (2013), S. 63

Eigeninitiative: Die Arbeit in virtuellen Teams verlangt von den Mitgliedern, dass diese selbstständig, aktiv und individuell an Aufgaben/Probleme herangehen.

Technische Affinität: Die Kommunikation erfolgt ausschließlich über Technologien, deshalb ist es notwendig, dass die Teammitglieder deren Benutzung beherrschen.

Interkulturelle Kompetenz: Virtuelle Teams sind oftmals multikulturelle Teams. Aufgrund dessen ist es von Vorteil, wenn die Teammitglieder interkulturelle Kompetenz aufweisen.

B1.4 Etablierungskonzept:

Grundsätzlich durchlaufen Teams bestimmte Entwicklungsphasen, ungeachtet ob es ein virtuelles oder ein konventionelles Team ist. Tuckman unterscheidet die nachfolgenden Phasen:

1. **Forming - Orientierungsphase:** Zu Beginn sollte das bevorstehende Projekt besprochen, ein Teamleiter ausgewählt und es eine Auswahl, bezüglich der Teammitglieder, welche dem Anforderungsprofil entsprechen, getroffen werden. Jeder Einzelne bringt seine Erwartungen und Einstellungen mit in das Team ein. Das Team versucht sich auf eine höfliche und eher unpersönliche Art und Weise besser kennenzulernen.[21]

2. **Storming – Nahkampfphase:** In dieser Phase beginnt die eigentliche Arbeit. Von hoher Relevanz für die Etablierung eines virtuellen Teams in einem multinationalen Unternehmen ist, dass der Prozess der Vertrauensbildung von dem Teamleiter aktiv unterstützt wird. Um den Aufbau der persönlichen Beziehungen zu unterstützen, ist es sinnvoll, dass zu Beginn der Zusammenarbeit ein Kick-Off-Meeting zum Kennenlernen stattfindet, welches die folgenden Elemente beinhaltet: Ein persönliches Kennenlernen, Klärung der Gruppenaufgaben, Festlegung der technologischen Unterstützung, Entwicklung von Teamnormen und Regeln,

---

[21] Vgl. *Teamentwicklung Lab* (o.J.)

Berücksichtigung kultureller Aspekte und die Förderung sozialer Kontakte.[22]

3. **Norming - Organisationsphase:** Diese Phase ist von der internen Prozesssteuerung geprägt. Der Teamleiter sollte motivationsfördernde Methoden beherrschen und er sollte die interne Kommunikation beobachten, um auftretenden Konflikten frühzeitig entgegenzuwirken. Außerdem sollte die Teamführung eine Feedback-Kultur erschaffen und die Rückmeldungen ständig in den Arbeitsalltag miteinbeziehen. Das geäußerte Feedback sollte sich idealerweise auf gelungene Leistungen, aber auch auf Fehler, beziehen. Das intensive und andauernde Erfordernis an Rückmeldung geht einher mit einem erhöhten Bedarf an Motivation, deshalb muss der Teamleiter die Mitglieder im kompletten Zeitraum des Teambestehens immer wieder motivieren.[23]

4. **Performing - Integrationsphase:** Die Abschluss-Phase setzt sich aus der Vor- und Fertigstellung der Ergebnisse zusammen. Anschließend werden die Ergebnisse dem Management vorgelegt. Die Abschluss-Phase wird durch eine Feedbackrunde, in welcher die gemachten Erfahrungen evaluiert werden, beendet.[24]

5. **Adjouring - Auflösungsphase:** Diese Phase gilt für temporär zusammenarbeitende Teams. Sie beschreibt den Auflösungsprozess eines Teams, wie zum Beispiel, dass sich die sozialen Gruppenbeziehungen auflockern. Die Teammitglieder verabschieden sich nicht nur gegenseitig voneinander, sondern auch von ihrer Rolle, die sie in ihrem Team übernommen haben.[25]

B2.1 Definition Arbeitskraftunternehmer:

Durch die Herausbildung interner Märkte und die Umstrukturierung der Arbeitsverhältnisse in Kunden-Lieferanten-Beziehungen kam es zu einem strukturellen Wandel der Arbeit und es entstand der Begriff des Arbeitskraftunternehmers,[26] welcher von Voß und Pongratz im Jahre 1998 zum ersten Mal diskutiert wurde. Es handelt sich um eine arbeitssoziologische Zeitdiagnose, die grundlegende Veränderungen an

---

[22] Vgl. *Müller* (2013), S. 169
[23] Vgl. *Arenberg* (2016), S. 100
[24] Vgl. *Teamentwicklung Lab* (o.J.)
[25] Vgl. *Teamentwicklung Lab* (o.J.)
[26] Vgl. *Breger/Tracht* (2017), S. 93

Arbeitskräften vorsieht.[27] Arbeitskraftunternehmer stellen einen neuen Arbeitnehmertypen dar und werden nach Voß und Pongratz wie folgt definiert: Ein Arbeitskraftunternehmer ist „die gesellschaftliche Form der Ware Arbeitskraft, bei der Arbeitende nicht mehr primär ihr latentes Arbeitsvermögen verkaufen, sondern (inner- oder überbetrieblich) vorwiegend als Auftragnehmer für Arbeitsleistungen handeln – das heißt ihre Arbeitskraft weitgehend selbstorganisiert und selbstkontrolliert in konkrete Beiträge zum betrieblichen Ablauf überführen, für die sie kontinuierlich funktionale Verwendung (d.h. ‚Käufer') suchen müssen."[28] In anderen Worten kennzeichnet sich ein Arbeitskraftunternehmer durch „eine neuartige Logik der betrieblichen Steuerung und Nutzung von Arbeitsfähigkeiten, ein verändertes Verhältnis der Arbeitsperson zur ökonomischen Verwertung ihrer Kompetenzen und eine neue Qualität der Ausrichtung des alltäglichen Lebenshintergrundes auf die Erfordernisse der Erwerbsphäre."[29] Daraus resultiert, dass sich Beschäftigte auf dem Arbeitsmarkt und innerhalb ihres Arbeitsverhältnissen anders verhalten müssen. Der Fokus liegt nicht mehr auf dem Inhalt des Arbeitsvermögens, sondern auf dem Ergebnis.[30] Der Arbeitskraftunternehmer ist somit nicht mehr Fachmann für bestimmte Wissensinhalte, Tätigkeiten und Aufgaben, sondern für Resultate.[31] Er muss sich ständig einen Markt suchen. Dazu benötigt er:

- eine verstärkte Planung, Steuerung und Überwachung der eigenen beruflichen Tätigkeiten
- eine zweckgerichtete Produktion und Vermarktung eigener Fähigkeiten und Leistungen
- eine Durchorganisation von Alltag und Lebensverlauf, sowie Tendenz zur Verbetrieblichung der Lebensführung[32]

Arbeitskraftunternehmer verkaufen und vermarkten ihre Arbeitskraft als eine Dienstleistung und müssen deshalb sehr flexibel auf Markterfordernisse reagieren.[33] Dies bedeutet, dass der Arbeitskraftunternehmer selbst sicherstellen muss, dass seine Fähigkeiten und Leistungen benötigt, erworben und effektiv genutzt werden.[34] Die

---

[27] Vgl. *Voß/Weiß* (2013), S. 33
[28] *Voß/Pongratz* (1998), S. 139
[29] *Voß* (1998), S. 477
[30] Vgl. *Breger/Tracht* (2017), S. 93
[31] Vgl. *Breger/Tracht* (2017), S. 120
[32] Vgl. *Breger/Tracht* (2017), S. 120
[33] Vgl. *Böhm* (2014), S. 62
[34] Vgl. *Voß* (1998), S. 9-12

Entstehung des Arbeitskraftunternehmers hängt mit dem Fortschreiten der Technik und der Digitalisierung zusammen, wodurch die anfallenden Aufgaben für Arbeitnehmer zunehmend anspruchsvoller und komplexer wurden. Durch die Subjektivierung der Arbeit entstand der Bedarf nach Arbeitnehmern, die unter gegeben Rahmenbedingungen fähig sind ihre Arbeit selbstständig und fachübergreifend zu erledigen. Der Übergang vom Arbeitnehmer zum Arbeitskraftunternehmer veränderte nicht nur die Relation zwischen Arbeitskraft und Unternehmen, sondern definierte auch den Begriff Arbeitsvermögen neu.[35] Zentrale Merkmale eines Arbeitskraftunternehmers werden in Abbildung 3 aufgezeigt.

Selbst-Kontrolle	Der Arbeitnehmer entwickelt die Fähigkeit seine Arbeit selbstständig zu planen, zu steuern und zu überwachen.
Selbst-Ökonomisierung	Der Arbeitnehmer vermarktet seine Fähigkeiten und Leistungen aktiv auf dem Arbeitsmarkt und innerhalb von Betrieben.
Selbst-Rationalisierung	Der Arbeitnehmer organisiert seinen Alltag und Lebensverlauf zunehmend durch und tendiert zu einer Verbetrieblichung seiner Lebensführung.

Abbildung 3: Merkmale eines Arbeitskraftunternehmers
(Quelle: Eigene Darstellung in Anlehnung an: *Ewers/Hoff/Geffers/Petersen/Schraps* (2006), S. 36)

B2.2 Beispiel:

Mit dem nachfolgenden Beispiel von Max Mustermann wird in dieser Arbeit aufgezeigt, welche Herausforderungen ein Arbeitskraftunternehmer zu meistern hat. Max Mustermann ist 35 Jahre alt und wohnt mit seiner Familie in einem kleinen Haus. Nach der Sekundarschule absolvierte er eine Ausbildung als Kaufmann und arbeitete anschließend für verschiedene Banken. In dieser Zeit war es für ihn normal, dass er von 7-16 Uhr auf der Arbeit war und sich nach Feierabend um seine Familie kümmern und

---

[35] Vgl. *Pongratz/Voß* (1998), S. 9-12

seinen Interessen nachgehen konnte. Doch in den letzten Jahren veränderte sich in seinem Berufsleben und seinem Privatleben einiges. Max Mustermann kann nun selbst entscheiden, wann er zur Arbeit fährt und wann er Feierabend macht. Er organisiert und koordiniert sein Aufgabenfeld selbstständig und eigenverantwortlich. In seiner Zeit ist er uneingeschränkt und flexibel, denn sein Vorgesetzter überprüft lediglich am Ende des Monats die Arbeitsergebnisse. Doch oft fällt ihm nach „Feierabend" ein, was er eigentlich noch erledigen müsste. Einerseits möchte er seine Frau unterstützen und mit den Kindern spielen, doch die vielen neuen Emails in seinem Posteingang lassen ihm keine Ruhe. Durch die flexiblen Arbeitszeiten erhält er oftmals am späten Abend noch Emails und Anrufe von Kollegen. Und auch am frühen Morgen, wenn er mit seiner Frau frühstücken möchte und die Kinder zum Kindergarten fährt, ist er damit beschäftigt auf Emails zu antworten und Anrufe entgegenzunehmen. Der Gedanke, dass er pünktlich zum Monatsende seinem Vorgesetzten Ergebnisse liefern muss, setzt ihn so stark unter Druck, dass er häufig bis in die Nacht an seinem Laptop arbeitet, um rechtzeitig fertig zu werden. In seiner Freizeit lernt er, da er zurzeit eine Weiterbildung macht, in der Hoffnung eine bessere Stelle zu finden. Für seine Frau, seine Kinder und für seine Freunde bleibt somit nur noch wenig Zeit. Früher als er unter der Woche um spätestens 17 Uhr zu Hause war, war das Spielen mit seinen Kindern und das gemeinsame Abendessen mit seiner Frau Bestandteil seines Alltags. Auch die Familienausflüge, sowie die Treffen mit seinen Freunden am Wochenende gehörten zu seinem Leben dazu. Doch dafür hat er nun kaum noch Zeit, da seine Arbeit einen immer höheren Stellenwert bekommt.

B2.3 Veränderungen des Selbstverständnisses und Chancen und Risiken:

Das Modell des Arbeitskraftnehmers scheint ein Phänomen zu sein, das in der heutigen Zeit sehr präsent ist, denn die Arbeit erlangt einen immer höheren Stellenwert und jeder versucht, der/die Beste in seinem Fachbereich zu sein.[36] Das Fallbeispiel des Max Mustermanns veranschaulicht, dass dieser von einer Arbeitskraft zu einem Arbeitskraftunternehmer wurde. Das Fallbeispiel ist sehr extrem, aber es soll aufzeigen, dass sich die Arbeitswelt stark verändert hat. Die Omnipräsenz des Internets ermöglicht ortsunabhängiges und zeitunabhängiges Arbeiten und verwischt die Grenzen zwischen Arbeit und Freizeit. Durch die ständige Erreichbarkeit kommt Max Mustermann nicht zur

---

[36] Vgl. *Miesch* (2016)

14

Ruhe und steht in einem Konflikt zwischen Beruf und Freizeit (Selbst-Rationalisierung). Er möchte seinen Vorgesetzten beeindrucken, indem er die Ergebnisse immer überpünktlich abliefert (Selbst-Ökonomisierung). Er muss selbst planen, wann er die Ergebnisse vorlegen möchte, wird aber trotzdem von seinem Vorgesetzten überprüft, ob er die Aufgaben zufriedenstellend erledigt hat (Selbst-Kontrolle). Auch die freiwillige Weiterbildung ist für ihn unumgänglich, da er neue Fähigkeiten erlernen möchte, um qualifizierter zu sein (Selbst-Ökonomisierung).[37] Max Mustermanns Lebensführung ist komplett auf seine Arbeit angepasst. In Zukunft ist es möglich, dass Arbeitnehmer ihre Arbeitskraft nicht nur einem einzelnen Arbeitgeber zur Verfügung stellen, sondern dass sie gleich mehreren ihre Leistungen zur Verfügung stellen.[38] Da Berufe zunehmend mehr Einfluss auf die Arbeitnehmer nehmen, wird sich das Selbstverständnis eines Arbeitnehmers an die Arbeit anpassen. Doch es ist möglich, dass dieses Modell bei vielen Menschen Stressreaktionen auslöst. Mit dem Arbeitskraftunternehmer sind auch viele neue Erkrankungen aufgekommen, wie zum Beispiel Burnout. Ein gesundes Gleichgewicht zwischen Arbeit und Freizeit wird durch die Entwicklung der Erwerbslandschaften immer bedeutender. „Es ist nicht einfach, ein Arbeitskraftunternehmer zu sein. In der Gegenwart ist es aber fast unumgänglich, die Aufgaben eines Arbeiters und eines Unternehmers zu bewältigen. Somit ist der Arbeitskraftunternehmer der Typus, der der Arbeitswelt zu dem macht, was sie momentan ist."[39] Die einhergehende Selbstkontrolle hat dem Arbeitskraftunternehmer ein bedeutend hohes Maß an Autonomie gegeben. Der Arbeitnehmer musste früher ein durchstrukturiertes Aufgabenfeld bearbeiten und verfügte nur über geringe Entscheidungsmöglichkeiten, wohingegen der Arbeitskraftunternehmer eigenständig und selbstbestimmt arbeitet. Dadurch wird ihm die Möglichkeit eröffnet, über seine Zeit flexibel und individuell zu entscheiden. Die Möglichkeit orts- und zeitunabhängig arbeiten zu können, steigert das Selbstverwirklichungspotenzial eines Menschen. Für die Unternehmen ist lediglich von Bedeutung, dass die Aufgabe bis zum Ablaufen von Frist X zufriedenstellend erledigt ist. Auf welche Art und Weise und wo die Aufgabe erledigt wurde ist für das Unternehmen uninteressant. Somit sinkt auch der Aufwand der Unternehmen, da diese die Kontrolle und die Verantwortung abgeben, woraus für den Arbeitskraftunternehmer ein enormer Druck resultieren kann. Durch die Freiheit der Selbstbestimmung, wird er von seiner Arbeit verfolgt, denn wenn es keine geregelten

[37] Vgl. *Miesch* (2016)
[38] Vgl. *Kinkel* (2008), S. 134
[39] *Miesch* (2016)

Arbeitszeiten gibt, ist der Arbeitskraftunternehmer ständig im Arbeitsmodus. Eine permanente psychische Anspannung und Arbeitsfokussierung haben den Effekt, den Menschen tiefgreifender auszubeuten.[40] Die Selbst-Ökonomisierung kann den Arbeitskraftunternehmer zu Höchstleistungen antreiben und dazu beitragen, dass der Mensch nahezu sein gesamtes Potenzial entfalten und sich in jeglicher Hinsicht weiterbildet. Ein Risiko der Selbst-Ökonomisierung kann sein, dass Arbeitskräfte, die weniger im wirtschaftlichen Fokus eines Unternehmens stehen auf der Strecke bleiben, wodurch sich automatisch der Druck erhöht, sich ständig weiterzubilden, um auf dem Arbeitsmarkt attraktiv zu bleiben.[41] Im Allgemeinen führen all diese Tatsachen zu einer Verbetrieblichung der Lebensführung. Die Unternehmen beanspruchen die Menschen als Ganzes. Die Folgen dieser Vereinnahmung sind jetzt schon sichtbar. Burnout ist die Krankheit des modernen Menschen. Aber auch andere psychische Erkrankungen, wie zum Beispiel Depressionen gehören zu den Folgen, die das Leben von Arbeitskraftunternehmern leidvoll gestalten können.[42]

B3.1 Fragmentierte Erwerbsbiografie:

Die Erwerbsarbeit, so wie sie den meisten Menschen bekannt ist, befindet sich in einem Wandel. Die zunehmende Globalisierung, Digitalisierung, die veränderten Geschlechterrollen und der soziale Wandel tragen dazu bei, dass die „normalen" Arbeitsverhältnisse immer mehr verdrängt und von „neuen" ersetzt werden.[43] Die traditionelle Erwerbsbiografie eines Individuums, welche durchschnittlich drei (bei Männern) bis fünf (bei Frauen) Lebensabschnittsphasen beinhaltet, wird zunehmend von fragmentierten Erwerbsbiografien ersetzt. 4,1 Millionen Frauen von 12 Millionen Frauen in Beschäftigungsverhältnissen arbeiteten im Jahr 2006 in Teilzeit. Im Jahr 2016 arbeiteten 6,8 Millionen von 14,5 Millionen Frauen in Teilzeit. Von den 16,8 Millionen erwerbstätigen Männer arbeiteten 2006 nur 0,9 Millionen in Teilzeit und 2016 nur 1,7 Millionen. Dementsprechend arbeiteten Frauen im Jahr 2016 zu 47% und Männer zu 10% in Teilzeitbeschäftigungen.[44]

[40] Vgl. *Voß/Pongratz* (1988)
[41] Vgl. *Voß/Pongratz* (1988)
[42] Vgl. *Rastoder* (2017), S. 35
[43] Vgl. *Meyer* (2015), S. 342
[44] Vgl. *Bundesagentur für Arbeit* (2017), S. 9

Eine Normalerwerbsbiografie bezeichnet das kontinuierliche und abgesicherte Durchlaufen von den drei typischen Phasen des Arbeitslebens: Die Ausbildung, die Erwerbsarbeit und der Ruhestand ohne zwischenzeitliche Phasen der Arbeitslosigkeit.[45] Diese Phasen werden zunehmend von kleineren Zwischenphasen zerstreut. Zur Ausbildung zählen auch Phasen, wie zum Beispiel diverse Praktika, Minijobs oder langfristige Auslandsaufenthalte. Unter die Erwerbsarbeit fallen unter anderem auch Phasen, wie beispielsweise Umschulungen, Weiterbildungen oder Arbeitgeberwechsel. Phasen der gewollten/ungewollten Teilzeittätigkeit oder Erwerbslosigkeit zählen ebenfalls zur Erwerbsarbeit. Der Ruhestand ist von Phasen, wie zum Beispiel, Minijobs geprägt.[46] Fragmentierte Erwerbsbiografien bezeichnen, dass das Arbeitsleben der arbeitenden Menschen mehr oder weniger häufig Brüche aufweist, wie beispielsweise Phasen der Erwerbslosigkeit, Arbeitgeberwechsel etc.[47] Dennoch ist die Arbeit ein wichtiger Strukturgeber für die Biografie und den Lebenslauf, denn für viele Individuen stellt die Arbeit einen wesentlichen Teil des Lebens dar.

B3.2 Diskontinuitäten:

Eine Erwerbsbiografie wird als diskontinuierlich/fragmentiert bezeichnet, wenn Wechsel, Unterbrechungen oder Brüche nach dem ersten Berufseintritt eintreten. Diese Wechsel können von kurzer oder langer Dauer sein,[48] welche freiwillig oder unfreiwillig sein können. Eine Unterbrechung gleicht einer Pause, nach der die Tätigkeit fortgeführt wird. Ein Bruch stellt die Beendigung einer Situation dar. Die Diskontinuität weist darauf hin, dass Arbeit und Beruf keine fixe Eigenschaft darstellt, sondern dass es sich vielmehr um ein dynamisches Projekt handelt, welches Brüche aufweist.[49] Faktoren, die zu einer Diskontinuität führen können sind zum Beispiel:

- Eheschließung
- Geburt von Kindern
- Arbeitgeberwechsel

---

[45] Vgl. *Hildebrandt* (2007)
[46] Vgl. *Sichler* (2006), S. 47
[47] Vgl. *Breger/Tracht* (2017) S. 101
[48] Vgl. *Breger/Tracht* (2017) S. 103
[49] Vgl. *Sackmann* (2013), S. 139-141

- Scheidung

- Umzug

- Sabbatjahr

- Krankheit

- Insolvenz[50]

Aus diesen Faktoren können Diskontinuitäten resultieren, jedoch muss dies nicht ausschließlich als etwas Schlechtes empfunden werden. Arbeitslosigkeit ist selten positiv und auch häufige Arbeitgeberwechsel können ein Indiz dafür sein, dass aufgrund persönlicher Eigenschaften, der Job gekündigt wurde. Doch Menschen mit fragmentierten Erwerbsbiografien verfügen über eine Vielfalt von Kompetenzen, da sie aus verschiedenartigen Erfahrungen in verschiedenen Kontexten soziale und überfachliche Kompetenzen erworben haben. Sie müssen oftmals lernen sich rasch umzustellen und neue Aufgaben und Fachbereiche anzueignen, ebenso müssen sie ihr Privatleben organisieren, sodass zeitweilige Brüche abgefangen werden können.[51] Fragmentierte Erwerbsbiografien erfordern von den Betroffenen ein hohes Maß an:

- Flexibilität

- Durchhaltevermögen

- Initiative

- Lernfähigkeit

- Stressbewältigung

- Persönlicher Stabilität

Damit werden Schlüsselqualifikationen angesprochen, welche typische Anforderungen im Arbeitsleben darstellen.[52] Diese Eigenschaften können somit für viele betriebliche Aufgaben und für eine Arbeitswelt, welche durch Individualisierung und Subjektivierung der Arbeit geprägt ist, sehr hilfreich und vorteilhaft sein.[53]

---

[50] Vgl. *Breger/Tracht* (2017) S. 103
[51] Vgl. *Breger/Tracht* (2017) S. 105
[52] Vgl. *Breger/Tracht* (2017) S. 120
[53] Vgl. *Breger/Tracht* (2014), S. 109

B3.3 Beispiel bunter Lebenslauf:

Die nachfolgende Abbildung zeigt einen beispielhaften bunten Lebenslauf, welcher einige Diskontinuitäten aufweist. Insgesamt weist dieser fünf aufeinanderfolgende Phasen auf:

1. Schulischer Werdegang (1994-1990)
2. Berufsauswahl (1996)
3. Erste Erwerbstätigkeit, Aktivitätsphase (1999)
4. Familienphase (2005-2008)
5. Wiedereinstieg (2008)

MAX MUSTERMANN

Beispielstraße 1
12345 Beispielstadt

Beruflicher Werdegang:

XX/2016 – heute	Leitung, Beispielstadt, Firma B
XX/2011- XX/2013	Kreditberatung, Beispielstadt, Firma B
XX/2008 - XX/2010	
	Kundenberatung in Teilzeit, Beispielstadt, Firma C
XX/2005- XX/2008	
	Elternzeit
XX/2003 – XX/2004	
	Kundenberatung in Vollzeit, Beispielhausen, Firma B
XX/2001- XX/2003	
	Arbeitssuchend
XX/1999 – XX/2000	
	Kundenberatung in Vollzeit, Beispielstadt, Firma A

Aus- und Weiterbildungen:

XX/2013 – XX/2016	Banking & Finance, B. A.
XX/2010 – XX/2011	IHK Weiterbildung Bankfachwirt
XX/1996 – XX/1999	Ausbildung zum Bankkaufmann
XX/1998 – XX/1990	Allgemeinbildendes Gymnasium
XX/1994 – XX/ 1998	Grundschule

Abbildung 4: Beispielhafter bunter Lebenslauf

(Quelle: Eigene Darstellung)

B3.4 Chancen und Risiken:

Eine fragmentierte Erwerbsbiografie, auch bunter Lebenslauf genannt oder Patchwork-Karriere birgt einige Chancen und Risiken. Früher konnten Arbeitnehmer darauf vertrauen, dass sie mit einem unbefristeten Arbeitsvertrag jahrzehntelang in demselben Unternehmen beschäftigt sind. Heute schwingt bei den meisten Jobs eine stetige Arbeitsplatzunsicherheit mit, denn der Garant für einen regelhaften Lebensverlauf ist von den Unternehmen aus nicht mehr gegeben. Der Verlust der Arbeitsplatzsicherheit ist eine große Belastung für die Arbeitnehmer und setzt sie einem enormen psychischen Druck aus.[54] Das Fallbeispiel von Max Mustermann veranschaulicht, dass er nicht nur in einem Beruf gearbeitet hat, sondern dass er sich weitergebildet hat und somit neue Erfahrungen und Qualifikationen gesammelt hat. Personen mit einem bunten Lebenslauf profitieren somit von vielfältigen Erfahrungen, welche sie in den verschiedensten Lebenssituationen gemacht haben, und beziehen diese mit in ihre Persönlichkeit ein. Dies wirkt auf potenzielle Arbeitgeber interessant und spannend. Aber oftmals wird mit einem bunten Lebenslauf auch Unzuverlässigkeit und ein sprunghafter Charakter verbunden, was für potenzielle Arbeitgeber ein Risiko darstellt. Ein häufiger Arbeitsstellenwechsel kann als ein Indiz für Unentschlossenheit interpretiert werden.

Im Allgemeinen gilt es die Diskontinuitäten im Lebenslauf individuell zu gestalten und den dynamischen Prozess der Kompetenzerweiterung zu meistern.[55]

---

[54] Vgl. *Sichler* (2006), S. 47
[55] Vgl. *Vomberg* (2007), S. 66-67

Literaturverzeichnis:

App, S. (2013), Virtuelle Teams, München

Arenberg, P. (2016), Teamentwicklung, 5. Aufl., Studienbrief der SRH Fernhochschule, Riedlingen

Bareiß, A. /Merk, J. (2013), Personal- und Organisationspsychologie, 1. Aufl., Studienbrief der SRH Fernhochschule, Riedlingen

Belbin, R. M. (2010), Teamroles at work, 2. Aufl., Oxford

Breger, W./Tracht, C. (2017), Arbeitswelten und Organisationen im Wandel, 4. Aufl., Studienbrief der SRH Fernhochschule, Riedlingen

Bundesagentur für Arbeit (2017), Die Arbeitsmarktsituation von Frauen und Männern 2016, Nürnberg

Böhm, S. (2014), Beruf und Privatleben – Ein Vereinbarkeitsproblem, Wiesbaden

Ewers, E./Hoff, E.H./Geffers, J./Petersen, O./Schraps, U. (2006), Arbeit als Lebensinhalt, Münster

Hagemann, K./Priebe, M./Berger, T. (2014), Unternehmenskultur und interkulturelles Management, 1. Aufl., Studienbrief der SRH Fernhochschule, Riedlingen

Hildebrandt, E. (2007), Lebensverlauf und betriebliche Zeitkonten, URL: http://www.genderkompetenz.info/w/files/gkompz_ft/hildebrandt_lebensverlauf_und_b etriebliche_zeitkonten.pdf, abgerufen am: 09.05.2018

Kinkel, S. (2008), Arbeiten in der Zukunft, Berlin

Konradt, U./Hertel, G. (2002), Management virtueller Teams, Weinheim

Langemeier, G. (2008), Virtuelle Mitglieder in virtuellen Teams, URL: http://hds.hebis.de/ulbda/Record/HEB304152595, abgerufen am: 09.05.2018

Meyer, T. (2015), Theorie der sozialen Demokratie, Berlin

Miesch, O. (2016), Work-Life-Balance – Der Arbeitskraftunternehmer, URL: https://elearning.fhsg.ch/mod/wiki/view.php?pageid=128, abgerufen am: 09.05.2018

Müller, E. B. (2013), Innovative Leadership- mit Arbeitshilfen online, Freiburg

Orlikowksi, B. (2002), Management virtueller Teams, 1. Aufl., Wiesbaden

Rastoder, A. (2017), Burnout und Depressionen, München

Rosenstiel, L. (2014), Die Arbeitsgruppe, In: Rosenstiel, L./Regnet, E./Domsch, M.E. (Hrsg.), Führung von Mitarbeitern- Handbuch für erfolgreiches Personalmanagement, 6. Aufl., Stuttgart, S. 327-344

Sackmann, R. (2013), Lebenslaufanalyse und Biografieforschung, Wiesbaden

Sichler, R. (2006), Autonomie in der Arbeitswelt, Göttingen

Teamentwicklung Lab (o.J.), Tuckman Phasenmodell, URL: https://teamentwicklung-lab.de/tuckman-phasenmodell, abgerufen am: 09.05.2018

Vomberg, E. (2007), Chancen bunter Lebensläufe für KMU und soziale Einrichtungen, Bielefeld

Voß, G.G. (1998), Die Entgrenzung von Arbeit und Arbeitskraft, Nürnberg

Voß, G.G./Pongratz, H.J. (1988), Der Arbeitskraftunternehmer – Eine neue Grundform der Ware Arbeitskraft, Kölner Zeitschrift für Soziologie und Sozialpsychologie, Jg. 50, Nr. 1, S. 138-140

Voß, G.G./Pongratz, H.J. (1988), Der Arbeitskraftunternehmer, URL: http://ggv-webinfo.de/wp-content/uploads/2016/05/Arbeitskraftunternehmer-Vortrag-SozTag-Freiburg.pdf, abgerufen am: 09.05.2018

Voß, G.G./Weiß, C. (2013), Burnout und Depression – Leiterkrankungen des subjektivierten Kapitalismus oder woran leidet der Arbeitskraftunternehmer, In: Neckel, S./Wagner, G. (Hrsg.), Leistung und Erschöpfung – Burnout in der Wettbewerbsgesellschaft, Berlin

Yukl, G. (2006), Leadership in organizations, 6. Aufl., Upper Saddle River

BEI GRIN MACHT SICH IHR WISSEN BEZAHLT

- Wir veröffentlichen Ihre Hausarbeit,
  Bachelor- und Masterarbeit

- Ihr eigenes eBook und Buch -
  weltweit in allen wichtigen Shops

- Verdienen Sie an jedem Verkauf

Jetzt bei www.GRIN.com hochladen und kostenlos publizieren